Alain D

Agrégé d'histoire

Histoire de France

Illustrations d'Emmanuel Cerisier

EDITIONS JEAN-PAUL GISSEROT

10 rue Gracieuse, 75005 Paris

Des alignements de menhirs en Bretagne.

Avant l'Histoire

Sous la falaise qui s'avance en surplomb, à l'entrée d'une grotte des hommes sont réunis. Ils ont allumé un feu pour faire cuire les rennes, les bisons, peut-être un mammouth que les chasseurs auront tués avec leurs armes à pointe d'os ou de pierre taillée, ces fameux silex rendus tranchants en les frappant l'un contre l'autre ou en les polissant sur des blocs de pierre dure. Ces hommes et ces femmes nous ressemblent, bien qu'ils soient plus petits, plus trapus et musclés. Pour s'abriter du froid, qui est rude alors, ils sont vêtus de peaux de bêtes et ont bâti des huttes de branchages. Au fond de la grotte, sur les parois obscures à peine éclairées par des lampes à graisse, ils gravent et peignent des animaux, des mains, des signes mystérieux en l'honneur de leurs dieux. Ces hommes vivaient il y a 20 ou 30 000 ans. On leur a donné le nom de Cro-Magnon.

Avant eux, il y avait eu d'autres hommes, disséminés un peu partout. L'un des plus vieux, il a près de deux millions d'années, vivait dans les Pyrénées, près de la grotte de Tautavel. Après eux, il y a un peu plus de dix mille ans, le climat se radoucit, les hommes peuvent cultiver la terre. Ils s'établissent alors dans des villages aux maisons rectangulaires à murs de terre séchée. Ils domestiquent les animaux, chiens, porcs et bœufs. Ils produisent même des poteries pour y garder les aliments et les boissons. 5000 ans avant notre ère, au pays breton de la fin des terres, ils édifient pour leurs morts de formidables dolmens de pierre, dressent vers le ciel d'énormes rocs, les menhirs, parfois alignés par milliers en étranges dessins.

Les Gaulois et les Romains

"Le grand chef des guerriers", telle est la traduction du nom de Vercingétorix, le jeune et fier Gaulois qui a réuni sous son autorité la plupart des tribus gauloises. En ce printemps 52 avant J.C., du haut du camp de Gergovie, il fait face aux 30 000 soldats des légions romaines de Jules César.

Les Gaulois sont impressionnants avec leurs cheveux blonds blanchis à l'eau de chaux, leurs immenses boucliers et leur fâcheuse habitude de couper la tête de leurs ennemis pour les accrocher à l'encolure de leurs chevaux.

Lorsque la 8ème légion romaine se lance à l'assaut de Gergovie, elle est taillée en pièces et les 700 soldats morts sont jetés du haut des murs. Jules César fait sonner la retraite. Les Gaulois veulent une victoire totale. Ils attaquent le gros de l'armée ennemie, mais la résistance est acharnée. Vercingétorix doit se réfugier sur la hauteur d'Alésia que César entoure aussitôt d'un réseau de fortifications, de palissades à pointes de fer, de trous hérissés de pieux pour y

Une villa gallo-romaine.

Un druide coupe le gui avec sa serpe d'or.

faire tomber les chevaux. En septembre 52, Vercingétorix jette ses armes aux pieds de César et se rend. Il est emmené à Rome où il sera étranglé dans sa prison. Chaque soldat romain reçoit un guerrier gaulois comme esclave.

La Gaule devient entièrement romaine. Des routes sont tracées, des villes créées, comme Lugdunum, autrement dit Lyon. De magnifiques monuments s'élèvent de-ci, de-là : un théâtre à Orange, des arènes à Arles, Nîmes ou Lutèce (Paris), des arcs de triomphe, des palais et partout des maisons de pierre à la gallo-romaine.

Saint Martin donne la moitié de son manteau à un pauvre.

La Gaule chrétienne

Le 2 juin 177, une toute jeune fille nommée Blandine, timide et fragile, est poussée dans l'amphithéâtre de Lyon. Elle est condamnée à mort avec tous ses amis car elle est chrétienne. Les bourreaux la suspendent à un poteau et lâchent sur elle des lions et des tigres affamés. Mais les fauves se couchent à ses pieds sans la toucher. Blandine est ramenée dans sa cellule. Quelques jours plus tard, elle est de nouveau conduite au supplice sous les cris de haine et de plaisir des spectateurs. On la fouette, on la ligote sur une chaise de fer rougie au feu puis on l'emprisonne dans un filet pour la livrer à un taureau furieux. L'animal la projette plusieurs fois en l'air et l'éventre enfin à coups de cornes. La jeune fille avant de mourir n'a cessé de dire : "*Je suis chrétienne, et chez nous il n'y a rien de mal*".

Malgré les persécutions, la nouvelle religion se répand. Vers 250, sept évêques quittent Rome pour aller s'installer dans les grandes cités de Gaule. Denis choisit Lutèce. Il convertit beaucoup de monde avant d'être arrêté et décapité sur la butte de Montmartre. Le martyr se relève, prend sa tête et la porte sur 4 kilomètres jusqu'au lieu où s'élèvera bientôt l'église de Saint-Denis. Là seront enterrés la plupart des rois de France.

150 ans plus tard, un soldat de la garde impériale à cheval, Martin, passe par Amiens où il donne la moitié de son manteau à un pauvre qui a froid. Le lendemain, il voit en rêve le Christ qui porte cette moitié de manteau. Martin se fait baptiser. Il devient évêque de Tours en 371 et jusqu'à sa mort en 397, il ne cesse plus de visiter les campagnes pour convertir les paysans et faire bâtir des églises.

Les Barbares

Venus d'Europe de l'Est, de nombreuses tribus barbares profitent de la décadence de l'empire romain pour s'installer en Gaule. Il y a les Alains aux cuirasses de corne, les Gélons au corps tatoués qui utilisent des peaux d'hommes en guise de tapis, les Bagaudes, les Wisigoths, les Francs, les Burgondes, les Vandales... Mais les plus redoutables sont les Huns vêtus de peaux de rats et menés par un petit homme trapu qui ne mange que de la viande : Attila, le "*fléau de Dieu*".

Les Huns franchissent le Rhin en février 451. Metz est prise le 10 avril. Les habitants sont tués, la ville est brûlée. Puis c'est le tour de Reims, de Rouen, de Caen. Attila se présente devant Paris qu'il assiège. Mais la ville résiste sous la conduite d'une jeune femme, Geneviève, et les Huns lèvent le camp pour aller attaquer Orléans puis affronter les troupes du général romain Aetius près de Châlons-sur-Marne, aux Champs Catalauniques.

Geneviève sur les remparts de Lutèce.

La bataille fait 150 000 morts. Découragé, Attila se retire. Il attaquera Rome l'année suivante.

L'empire romain disparaît complètement en 476. Face aux Barbares, seuls résistent les évêques qui dirigent les villes. Dans le nord du pays, les Francs sont menés par Clovis, élu roi en 481. En 486, il s'empare de Soissons et organise le partage du butin. Clovis réclame un magnifique vase sacré volé dans une église. Les soldats sont d'accord, sauf un qui brise l'objet d'un coup de hache en disant que le roi a droit seulement à ce que le tirage au sort lui donnera. Clovis ne répond rien. Un an plus tard, il passe l'armée en revue et reconnaît le soldat qui a brisé le vase. Le soldat s'incline. Clovis lui fend le crâne d'un coup de hache en disant : "*Souviens-toi du vase de Soissons !*".

Clovis est maître de tous les territoires qui vont jusqu'à la Loire. Mais il comprend que pour affermir son pouvoir, il lui faut le soutien des évêques en devenant chrétien. Poussé par sa femme Clotilde, il reçoit donc le baptême des mains de l'évêque Rémi à Reims, le jour de la Noël 496 : "*Courbe-toi, fier Sicambre, abaisse humblement ton cou.*"

En 507, Clovis écrase ses ennemis Wisigoths à Vouillé, près de Poitiers, et étend son royaume jusqu'aux Pyrénées. La Gaule franque est unifiée et chrétienne.

Charlemagne développe l'enseignement.

De Clovis à Charlemagne

Les rois mérovingiens, successeurs de Clovis, rêvent de recréer en Gaule un empire à la romaine, avec des routes pour l'unifier et une administration pour le contrôler. Ils développent le commerce et l'artisanat : le grand saint Éloi réalise pour les rois Clotaire puis Dagobert de merveilleux objets d'or et de pierres précieuses. Mais ces souverains considèrent le royaume comme un bien de famille qu'il convient de partager à chaque héritage. Dès lors se déchaînent les rivalités : en 613, la vieille reine Brunehaut, détestée par la famille de sa rivale Frédégonde, meurt à près de 80 ans, attachée nue par un pied et un bras à la queue d'un cheval sauvage lancé au grand galop.

En octobre 733, et non 732, les troupes arabes de l'émir d'Espagne Abd-er-Râhman envahissent la Gaule. Elles attaquent les soldats francs près de Poitiers, aux cris de "Allah Akbar" (Dieu est grand), mais elles sont battues et doivent repartir dans le sud. Le vainqueur est Charles Martel, maire du palais, c'est-à-dire premier ministre du roi. Son prestige est tel que son fils et successeur, Pépin dit le Bref, se fait élire roi par les évêques et les seigneurs, en remplacement du dernier Mérovingien, Childéric III, qui est tondu et enfermé dans un couvent.

Pépin a un fils Charles, dit Charlemagne. Il est grand, mange comme quatre, se baigne nu avec ses soldats dans les bassins de son château d'Aix-la-Chapelle, aime la guerre et les pillages. Le 15 août 778, de retour d'une expédition contre l'Espagne musulmane, son arrière-garde, menée par son fidèle ami Roland, est attaquée et massacrée par des montagnards dans le défilé de Roncevaux. Cet échec n'arrête pas les conquêtes et lorsque le 25 décembre de l'an 800, à Rome, Charles aux cheveux blancs, rasé de près et revêtu d'une tunique blanche, s'agenouille devant le pape qui lui pose sur la tête une couronne d'or, il règne en empereur sur l'Europe occidentale.

Face aux invasions normandes

L'empire carolingien dure moins d'un siècle. En 843, après d'interminables guerres de succession entre les petits-fils de Charlemagne, l'empire est divisé en trois au traité de Verdun : Louis reçoit l'Allemagne à l'est, Lothaire les territoires du centre, entre la mer du Nord et la Méditerranée, Charles le Chauve tout l'ouest, c'est-à-dire l'essentiel de la France future. Plus grave encore, les comtes chargés de gouverner les régions au nom du souverain deviennent de plus en plus indépendants. Pour s'assurer leur fidélité, le roi leur offre des terres prises sur son domaine. Mais au fur et à mesure, les Carolingiens n'ont plus de domaines à distribuer.

À partir de 845, de nouveaux envahisseurs se présentent. Les Normands venus de Scandinavie sur leurs drakkars, des bateaux à fond plat qui peuvent remonter les fleuves, attaquent et pillent les villes. Partout c'est la panique et la désolation. Les moines, qui avaient entrepris de mettre en culture les terres en défrichant les forêts, doivent s'enfuir dans les

Un moine défricheur.

montagnes en emportant leurs trésors et leurs reliques*. Le Danois Lodbrog s'empare de Tours, Sidroc, Weyland ravagent tout sur leur passage. En 885, une flotte de 700 drakkars amène devant Paris

une armée normande dirigée par Siegfried. Le siège dure un an, mais la population rassemblée dans l'île de la Cité résiste sous la direction de son évêque Gozlin et du comte Eudes. Ce seigneur victorieux détrône Charles le Gros et est sacré roi le 29 février 888. Son successeur Charles le Simple rencontre le Normand Rollon, un géant de deux mètres, à Saint-Clair sur Epte. Dans le silence de tous, Rollon place ses mains jointes dans celles de Charles en signe de soumission et de fidélité. Mais il reçoit en échange le territoire de

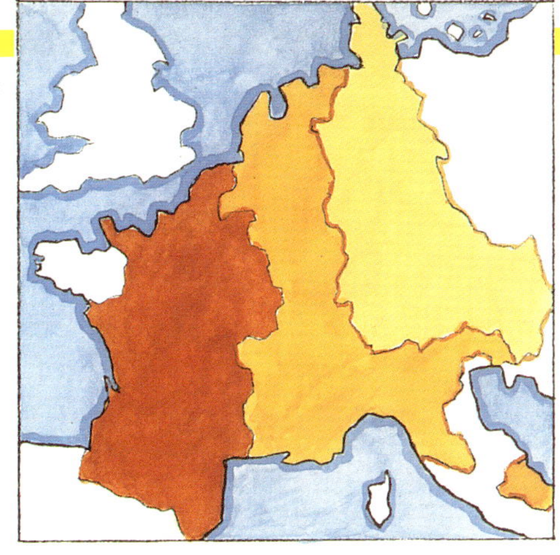

Le partage de l'Empire au traité de Verdun.

la Normandie. Il se convertit au christianisme, se fait désormais appeler Robert, et adopte la langue des Francs.

La paix est assurée.

**Restes d'un saint.*

Le temps des châteaux-forts

Lorsque Hugues Capet se fait élire roi en 987, il prend soin d'être sacré à Reims où il reçoit les insignes de la royauté : la couronne, le sceau et le sceptre. Il fait aussi élire son fils pour lui succéder, établissant ainsi la continuité du pouvoir entre les mains de la famille des Capétiens. Mais l'autorité de ces rois est limitée par la puissance des seigneurs féodaux*. Ceux-ci ont profité des invasions normandes et de l'insécurité pour édifier de puissants châteaux-forts d'où ils contrôlent des régions entières.

L'adoubement qui fait d'un jeune homme un chevalier.

Ils battent monnaie, se transmettent leur fief** de père en fils, se font la guerre entre eux et trahissent le roi dès que leurs intérêts sont en jeu.

Louis VI le Gros (1108-1137), conseillé par Suger, abbé de Saint-Denis, écrase le seigneur de Montlhéry qui empêche les commerçants de circuler librement sur la route de Paris à Orléans. Philippe Auguste (1180-1223)

Louis IX rend la justice sous un chêne à Vincennes.

étend le domaine royal et profite de la croisade contre les Albigeois, qui débute en 1209, pour affirmer son autorité sur le comté de Toulouse. Il bat ses ennemis, l'empereur d'Allemagne et le comte de Flandre, à Bouvines en 1214. Il crée une administration chargée de mettre en valeur son territoire. Louis IX, plus connu sous le nom de saint Louis (1226-1270), signe des traités avec le roi d'Angleterre et le roi d'Aragon pour assurer la paix dans le royaume. Il rend lui-même la justice lorsque ses sujets font appel à lui contre un jugement injuste rendu par un seigneur. Philippe IV le Bel (1285-1314) a besoin d'argent pour entretenir son armée et son administration : il interdit aux évêques d'envoyer de l'or au pape et fait gifler puis arrêter le pape Boniface VIII. Il fait même emprisonner les puissants moines Templiers et brûler leurs chefs pour s'emparer de leur trésor.

* *La féodalité est la société fondée sur les relations entre un seigneur et des vassaux qui lui doivent fidélité.*

** *Domaine offert par un seigneur à son vassal.*

Dieu le veut !

Lorsque Jacques de Molay, grand maître des Templiers, meurt brûlé vif sur un bûcher, il maudit le roi Philippe et sa famille. Grave menace, en ce temps où chacun est à l'écoute des messages de Dieu et craintif des puissances de l'au-delà. C'est pourquoi, dans la hiérarchie de la société féodale, l'Église qui protège et ceux qui prient sont placés au sommet, au-dessus des chevaliers qui combattent et du peuple qui travaille.

Partout en France s'élèvent de merveilleux édifices en l'honneur de Dieu. On les veut d'abord proches de la terre sacrée sur laquelle ils sont bâtis, massifs et délicats à la fois. C'est l'époque romane qui fleurit à Cluny, au Puy, à Vézelay, Conques ou Tournus. Du XIème au XIIIème siècle, les villes s'enrichissent et regardent vers l'avenir. Les architectes imaginent alors la croisée d'ogives qui permet d'élever les voûtes à d'incroyables hauteurs et d'ouvrir les murs pour faire entrer la lumière,

Une église romane.

L'intérieur d'une cathédrale gothique.

expression de Dieu. Le peuple entier participe à l'édification de ces merveilleuses cathédrales gothiques élancées vers le ciel : Chartres, Paris, Amiens, Beauvais, Reims sont autant de joyaux offerts à Dieu.

Mais il faut plus encore, approcher Dieu là où Jésus a été crucifié, c'est-à-dire à Jérusalem qui est aux mains des Musulmans. Le 27 novembre 1095 à Clermont-Ferrand, le pape Urbain II grimpe sur une estrade et s'adresse à la foule énorme venue l'accueillir. Il parle des pauvres pèlerins chrétiens qui seraient persécutés en Terre sainte. Il appelle chacun à aller délivrer le tombeau du Christ en échange du pardon de ses péchés, puis il s'écrie :"*Dieu le veut !*". Des milliers d'hommes et de femmes cousent alors une croix sur leur chemise, quittent leur maison et s'en vont vers l'Orient. C'est la première d'une série de huit croisades qui s'achèveront en 1270 à la mort de saint Louis sous les murs de Tunis. Ces croisades ne permettent pas de reprendre durablement Jérusalem, mais elles favorisent le commerce avec l'Orient. Elles mettent surtout nos brutaux chevaliers au contact de la civilisation musulmane raffinée. L'on voit dès lors les guerriers écrire des poèmes, chanter l'amour courtois pour leur dame, se parfumer, se friser les cheveux et porter des vêtements de soie et de mousseline de toutes les couleurs.

Le Moyen-Age heureux

Les rois ont écrasé les seigneurs brigands, l'Église a imposé la paix de Dieu, et les marchands, surnommés pieds poudreux, se sont aventurés de nouveau sur les routes et les rivières. Ils font halte dans les villes qui s'agrandissent hors de leurs murailles, dans des faubourgs où travaillent de nombreux artisans. Des foires s'organisent pour faciliter le commerce, en Champagne, à Paris, à Lyon. S'y rencontrent les drapiers des Flandres, les banquiers d'Italie, les fourreurs de la Hanse*. Dans les ports, de grosses nefs débarquent sur les quais leurs épices, parfums et poudre d'or venus de l'Orient à la faveur des croisades.

Une nef marchande.

Pour nourrir tout ce monde, les paysans des campagnes défrichent les forêts, utilisent des charrues à soc métallique qui labourent plus en profondeur, organisent la rotation des cultures, utilisent les moulins pour moudre leur grain.

Le roi et les grands seigneurs créent des villes neuves pour attirer les artisans qui sont dispensés d'impôts. Dans les grandes cités, les bourgeois riches et instruits obtiennent des chartes**; ils

créent des communes et élisent leur maire et les échevins. Face au château du seigneur et au palais de l'évêque, l'hôtel de ville avec son haut beffroi marque la puissance de la cité. Des professeurs audacieux, comme Abélard ou Albert le Grand, attirent la foule des étudiants qui suivent leurs cours dans les universités comme la Sorbonne ou sur les places. La vie en ville est joyeuse : les fêtes sont nombreuses, les rues toujours animées.

C'est à Paris que Philippe Auguste établit sa résidence : il crée les Halles en 1183, commence la construction du palais du Louvre, édifie des fortifications plus vastes, fait paver les rues et installer des égoûts. Paris sera la capitale de la France.

* *Organisation de marchands installés dans le nord de l'Europe.*

** *Lettres royales accordant des avantages et des libertés.*

Une bombarde, ancêtre du canon.

La Guerre de Cent Ans

Le 12 juillet 1346, mille navires anglais franchissent la Manche et débarquent sur le sol de France 20 000 soldats dirigés par le roi Édouard III. Pourquoi ? Revenons en arrière, deux siècles plus tôt. En 1137, Louis VII de France épouse Aliénor d'Aquitaine, héritière de toutes les terres au sud de la France, de l'Atlantique au Rhône. Elle est vive, apprécie le luxe et la poésie, il est triste et se plaît dans les batailles. Ils ne s'aiment pas. Lorsqu'elle lui donne une fille, et non un fils, il divorce. Peu après, Aliénor rencontre le bel Henri de Normandie qu'elle épouse le 12 mai 1152. Henri devient roi d'Angleterre deux ans plus tard. La moitié de la France appartient dès lors aux souverains anglais. En 1328, meurt le dernier des trois fils de Philippe le Bel. Le neveu de celui-ci, Philippe de Valois, monte sur le trône. Mais Philippe le Bel avait une fille, Isabelle, qui avait épousé le roi d'Angleterre. Isabelle est la mère d'Édouard III. Il réclame donc à son tour la couronne de France.

En juin 1340, la flotte française est détruite dans le port flamand de l'Écluse. 170 navires sont perdus, 20 000 marins sont tués, l'amiral Quiéret est égorgé après s'être rendu. L'Angleterre contrôle les mers et peut débarquer à tout moment.

Au matin du 26 août 1346, Édouard se prépare à affronter Philippe en bordure de la forêt de Crécy. Les chevaliers français impatients de se battre se ruent dans la bataille. Mais ils ont le soleil dans les yeux et n'ont pas vu les archers anglais qui les criblent de flèches. 1500 seigneurs français sont tués, le roi n'a que le

temps de s'enfuir avec une garde de soixante hommes. Édouard est vainqueur sans avoir combattu.

À la fin de l'été, Édouard met le siège devant le port de Calais, clef d'entrée de la France. La ville résiste un an. Le 3 août 1347, les habitants affamés se rendent. Conduits par Eustache de Saint-Pierre, six bourgeois volontaires, nu-pieds, vêtus d'une seule chemise, la corde au cou, présentent les clefs de la ville. Édouard III ordonne d'exécuter les bourgeois mais la reine intervient et ils sont épargnés. Toute la population est chassée pour être remplacée par des Anglais.

Les malheurs de la France

La guerre survient en France alors que la crise économique s'aggrave : toutes les terres cultivables sont occupées, la population s'entasse dans les villes où le travail commence à manquer. Les gens ne mangent plus toujours à leur faim et sont affaiblis.

Le 1er novembre 1347, trois bateaux génois jettent l'ancre à Marseille. Ils ont réussi à quitter un port de la côte orientale de la Méditerranée, assiégé par des guerriers qui ont projeté par dessus les remparts des cadavres pourris de pestiférés. La peste est à bord des navires. Quelques jours plus tard, les habitants du vieux port présentent des grosseurs, les bubons, crachent un sang noir et meurent en quelques heures. La peste, à la fois bubonique et pulmonaire, est très contagieuse. On prend des inhalations de vinaigre, on pratique des saignées, mais rien n'y fait. Dans les mois qui suivent, tout le sud est contaminé. Paris est touché en 1348. Pour y mettre un terme, des fous brûlent les Juifs accusés d'avoir empoisonné les puits, d'autres processionnent nus dans les rues en se fouettant les uns les autres pour apaiser la colère de Dieu : ce sont les flagellants.

La peste disparaît en 1352. Elle a tué un Français sur trois.

La guerre ne s'arrête pas pour autant. À Poitiers en 1356, le roi de France Jean II est battu par les Anglais et conduit prisonnier à Londres. Il est libéré trois ans plus tard contre une rançon si énorme qu'elle ruine le pays. Dans les campagnes, les paysans, surnommés les Jacques, se révoltent mais ils sont massacrés. À Paris, les bourgeois refusent de payer s'ils n'obtiennent pas des pouvoirs nouveaux. Leur chef, Étienne Marcel, prévôt des marchands et riche drapier, est assassiné. Le siècle s'achève tristement sous le règne de Charles VI, le roi fou. Les grands seigneurs se font la guerre entre eux, oubliant les Anglais. En 1407, le duc de Bourgogne fait poignarder le frère du roi, Louis d'Orléans. En 1419, les Armagnacs prennent leur revanche sur les Bourguignons en assassinant Jean sans Peur sur le pont de Montereau.

Avignon, résidence du pape entre 1309 et 1377.

Les flagellants.

Louis XI.

Jeanne d'Arc

La situation est désespérée. Les Français ont de nouveau été vaincus par les Anglais à Azincourt en 1415. "*Que faire des prisonniers ? - Tuez-les*" a répondu le roi d'Angleterre. 7 000 chevaliers français sont égorgés. À la mort de Charles VI en 1422, presque tout le territoire est occupé par les Anglais et leurs alliés Bourguignons. Mais dans un village de Lorraine, à Domrémy, une jeune fille de 13 ans voit saint Michel tout de lumière qui lui annonce qu'elle ira au secours de la France. Elle s'appelle Jeanne d'Arc.

Le 12 février 1429, elle a 17 ans, sans dire adieu à ses parents, elle part à Vaucouleurs pour obtenir du sire de Baudricourt un cheval et une escorte. Jeanne revêt l'habit d'homme qu'elle ne quittera plus. Le 25 février, elle rencontre le dauphin Charles à Chinon et le convainc de sa mission. Le 8 mai, elle délivre Orléans. Le dimanche 17 juillet, elle conduit le dauphin dans la cathédrale de Reims pour l'y faire sacrer roi de France sous le nom de Charles VII. Mais le 23 mai 1430, elle est arrêtée par les Bourguignons sous les murailles de Compiègne et livrée aux Anglais. Le 30 mai 1431, Jeanne monte sur le bûcher de la place du Vieux-Marché à Rouen. Dans les flammes, elle prononce le nom de Jésus. "*Nous sommes perdus, nous avons brûlé une sainte !*" s'écrie le secrétaire du roi d'Angleterre. À la mort de Charles VII en 1461, le royaume, hormis Calais, est entièrement délivré.

Face à l'Angleterre, la nation française est née.

Louis XI, qui succède à Charles VII, est un roi hors du commun. Contrairement aux grands seigneurs de l'époque, il a horreur de la guerre et il préfère verser de l'argent au roi d'Angleterre pour qu'il reste chez lui. Au lieu d'affronter directement son grand ennemi, le duc de Bourgogne Charles le Téméraire, il le fait battre par les Suisses. Plutôt que de dépenser l'argent en fêtes et tournois, il l'investit au profit de l'artisanat et du commerce. La France entre dans la Renaissance.

Le rêve de l'Italie

Les successeurs de Louis XI ont deux ambitions : annexer la Bretagne à l'ouest du royaume, et conquérir des territoires en Italie. L'opération Bretagne est un succès. Le 28 juillet 1488, les 11 000 hommes du duc de Bretagne sont écrasés par l'armée française. Le 9 septembre, le duc François II meurt désespéré, laissant la Bretagne à sa fille Anne, âgée de douze ans. La duchesse Anne est contrainte de se marier avec le roi de France Charles VIII, un petit homme laid qu'elle finit par aimer. À la mort de Charles, le 8 avril 1498, elle épouse son successeur, le roi Louis XII. En 1515, sa fille Claude fait don de la Bretagne au roi de France François Ier.

Côté Italie, les choses sont moins faciles.

L'imprimerie à caractères métalliques mobiles, inventée par l'allemand Gutenberg vers 1450, permet de publier de plus en plus de livres.

À peine sacré roi de France, François Ier franchit les Alpes avec 20 000 soldats. En septembre 1515, revêtu de son armure

noire et or, il remporte la bataille de Marignan. Mais il est fait prisonnier à Pavie en 1525 et doit verser une énorme rançon pour sa libération. Si elles ne font pas gagner de territoires, ces expéditions permettent aux seigneurs français de découvrir le charme de la vie à l'italienne. À leur retour, ils renoncent aux vieux châteaux-forts de défense pour se faire construire de superbes demeures nombreuses en Val de Loire, à Chambord, Blois et Chenonceaux par exemple. François Ier fait même venir à Amboise le peintre et savant italien Léonard de Vinci qui apporte dans ses bagages le portrait d'une jeune fille à l'étonnant sourire : on la nomme la Joconde.

François Ier adore la guerre.

L'horizon s'élargit

Au début du XVIème siècle, la France a un nouvel ennemi. Il s'appelle Charles Quint. Par sa mère, il a hérité de l'Espagne. Par son grand-père il a reçu l'Autriche, et par son père il est devenu maître de la Bourgogne et des Pays-Bas. En 1519, il est élu empereur d'Allemagne. Charles Quint devient immensément riche avec l'exploitation des richesses de l'Amérique découverte par Christophe Colomb en 1492. Pour faire front à Charles Quint, François Ier essaie de s'allier avec Henri VIII, roi d'Angleterre. Au printemps 1520, les rois de France et d'Angleterre font dresser près de Calais un superbe camp dit du Drap d'or car les tentes sont de velours et de soie bleus brodés d'or. Le 7 juin, ils s'embrassent, boivent et mangent dans de la vaisselle d'or, luttent corps à corps pour s'amuser. Mais Henri VIII refuse d'entrer en guerre contre Charles Quint. François Ier n'hésite plus alors à s'allier avec le pire ennemi des chrétiens, le sultan musulman Soliman le Magnifique.

La France se lance aussi à la conquête de nouvelles terres en Amérique. Dès 1504, les marins normands du bateau *L'Espoir*, abordent au Brésil. En 1523, le navigateur Verrazzano part de Dieppe et explore la baie où sera établi New-York. Le 20 avril 1534, Jacques Cartier quitte Saint-Malo avec deux navires et 61 hommes. Il découvre le Saint-Laurent, voie d'entrée du Canada, et fait planter sur la rive une gigantesque croix, haute de neuf mètres. Le chef indien Donnacona, vêtu d'une peau d'ours noir, vient à la rencontre des navigateurs. Il leur offre à fumer quelques feuilles d'une plante inconnue : le tabac.

Belles et mignons

Monté sur le trône en 1547, Henri II lutte contre Charles Quint puis son successeur Philippe II jusqu'à ce que l'argent manque des deux côtés. Au traité du Cateau-Cambrésis signé en 1559, la France garde les puissantes villes de Metz, Toul et Verdun, mais renonce à toute prétention en Italie.

La guerre finie, l'amour est la grande affaire de Henri II, car il aime à la folie la belle Diane de Poitiers. Le 30 juin 1559, à l'occasion du mariage de deux princesses à Paris, le roi affronte en tournoi le jeune comte de Montgomery. Les chevaux s'élancent. Dans le choc des lances,

Henri II et sa femme Catherine de Médicis.

François II, Charles IX et Henri III.

celle de Montgomery se brise et pénètre dans le casque royal. Soigné par le génial chirurgien Ambroise Paré, Henri II est trop gravement blessé : il a l'œil crevé et le crâne transpercé. Il meurt le 10 juillet. Dominés par la reine Catherine de Médicis, ses trois fils lui succèdent : François II, qui ne règne qu'un an, Charles IX, âgé de dix ans, puis Henri III (1574-1589).

L'amour toujours : les poètes Clément Marot, du Bellay, Ronsard, chantent les dames de leur cœur; Montaigne dit son amour pour La Boétie son ami, "*parce que c'était lui, parce que c'était moi*", Jean Goujon et Germain Pilon sculptent des déesses sur la façade du palais du Louvre. Henri III s'entoure de jeunes seigneurs, les mignons, qui passent leur temps à se battre et s'aimer. Le 24 avril 1578, à Paris, le roi assiste aux obsèques de deux d'entre eux, morts en duel. Le soir même, il se rend sur le bord de la Seine pour lancer la construction du pont Neuf, un ouvrage de pierre destiné à remplacer les vieux ponts couverts de maisons de bois qui prennent feu si facilement. Henri III dépose des pièces d'argent et de cuivre sur le sol et pose dessus la première pierre qu'il cimente avec une truelle d'argent.

L'assassinat de Henri IV par Ravaillac.

Les guerres de religion

Depuis que le moine allemand Luther a lancé une réforme religieuse qui refuse l'autorité du pape, supprime le culte de la Vierge et des saints, remplace la messe par la lecture de la Bible, les idées protestantes se répandent en France. Soutenu par de grands seigneurs comme le roi de Navarre, un parti protestant huguenot se forme. Face à lui, le parti de la Ligue catholique est mené par la famille des Guise. Le pouvoir s'inquiète. L'imprimeur Étienne Dolet est pendu et brûlé à Paris le 3 août 1546. Le protestant français Calvin doit se réfugier à Genève. Bientôt l'on torture et l'on tue partout au nom de la religion, qu'elle soit catholique ou protestante. Un nommé Jean Leclerc a cassé une statue de la Vierge. On lui coupe le poing droit, lui arrache le nez et on le brûle au fer rouge avant de le jeter sur un bûcher. Les humanistes* qui veulent la paix, comme Michel de l'Hospital, ne sont pas écoutés.

À 5 heures du matin, le 25 août 1572, les cloches sonnent à l'église Saint-Germain l'Auxerrois. C'est le signal du massacre de la Saint-Barthélémy. Les catholiques du duc de Guise assassinent l'amiral de Coligny à coups de massue et d'épieux. Les chefs protestants sont passés par le fil

de l'épée, jetés sur des piques ou précipités à la Seine. 5 000 personnes sont tuées rien qu'à Paris.

Sous prétexte de religion, Henri de Guise, dit le Balafré, rêve en fait de détrôner Henri III. Il s'allie avec les Espagnols et pousse le peuple de Paris à dresser des barricades pour chasser le roi. Le vendredi 23 décembre 1588, Henri III invite le Balafré dans sa chambre du château de Blois et le fait assassiner de 45 coups de poignards. Quelques mois plus tard, Henri III tombe à son tour sous les coups de Jacques Clément, un moine fanatique. Il a désigné auparavant le protestant Henri de Navarre pour lui succéder.

Henri IV s'efforce de mettre fin aux guerres de religion. Il se convertit au catholicisme mais il accorde aux Protestants la liberté de culte par l'édit de Nantes. Son ministre Sully améliore les voies de communication et favorise l'agriculture. Hélas, le 14 mai 1610 Ravaillac surveille le carrosse royal, saute sur le marchepied et plonge plusieurs fois un long couteau dans la poitrine du roi.

**Personnes cultivées et tolérantes.*

Louis XIII et Richelieu

Louis XIII, fils de Henri IV, n'a que 9 ans lorsqu'il est sacré roi de France. Sa mère, la reine Marie de Médicis, assume la régence et couvre ses amis Concino Concini et Léonora Galigaï d'honneurs et d'or. Le samedi 24 avril 1617, à dix heures du matin, Concini est assassiné à l'entrée du Louvre par les gardes du roi. Sa femme Léonora est condamnée comme sorcière, décapitée puis brûlée. Marie de Médicis est exilée au château de Blois. Louis XIII est vraiment le roi. En 1624, il choisit comme conseiller le cardinal de Richelieu. Ensemble, ils luttent contre tous ceux qui s'opposent au pouvoir royal.

Les nobles qui ne respectent pas l'interdit sur le duel sont arrêtés par les mousquetaires et emprisonnés. Lorsque le beau Cinq-Mars, ami de cœur de Louis XIII, veut faire assassiner Richelieu et prendre le pouvoir avec l'appui des Espagnols, il est arrêté et décapité. Les pauvres qui se révoltent contre les impôts, Croquants en Périgord, Va-nu-

pare du Roussillon. Mais cette guerre coûte cher et le peuple souffre. Un prêtre, Vincent de Paul, aumônier des galériens, recueille les enfants trouvés et organise avec Louise de Marillac le ravitaillement des pauvres par des Sœurs de la Charité.

Le cardinal de Richelieu et le roi Louis XIII meurent à quelques mois de distance, le premier le 4 décembre 1642 à l'âge de 57 ans, le second, le 14 mai de l'année suivante. Cinq jours après la mort du roi, les troupes françaises menées par le Grand Condé, un jeune homme de 21 ans, remportent sur les Espagnols l'éclatante victoire de Rocroi.

pieds en Normandie, sont exterminés. Les Protestants qui s'organisent comme un État indépendant et demandent l'aide de l'Angleterre sont assiégés dans le port de La Rochelle. 20 000 hommes bloquent la citadelle du côté de la terre. 40 navires chargés de pierres ont été coulés pour former une digue infranchissable hérissée de pieux. Quand la cité affamée se rend, le 28 octobre 1628, il ne reste que cent personnes alors qu'il y avait 15 000 habitants.

Contre l'Espagne qui redevient menaçante, la France entre dans la guerre de Trente Ans et s'em-

Sous Louis XIII, Corneille écrit Le Cid, le philosophe Descartes affirme "Je pense, donc je suis", et Richelieu crée l'Académie française.

Le Roi-Soleil

Louis XIV devient roi à l'âge de cinq ans et c'est sa mère, Anne d'Autriche, qui gouverne à sa place avec l'aide du cardinal italien Mazarin, successeur de Richelieu. Le règne commence bien, avec les victoires de Rocroi et de Lens. Signés en 1648, les traités de Westphalie donnent à la France des territoires en Lorraine et en Alsace. Mais les grands seigneurs exigent de nouveaux pouvoirs face au roi et le peuple écrasé d'impôts se révolte. Cette "*Fronde*" dure de 1648 à 1652.

À 13 ans, Louis devient majeur et il peut gouverner seul. Tout au long de son règne de 72 années, il n'a qu'une idée : assurer son pouvoir absolu face aux princes. Il fait arrêter tous ceux qui peuvent lui faire de l'ombre, comme le richissime Fouquet, surintendant des Finances. Il fait construire un superbe palais à Versailles par les architectes Le Vau et Mansart. Il y réunit autour de lui une grande partie de la noblesse qu'il peut ainsi contrôler. Il révoque l'édit de Nantes en 1685 et envoie ses soldats convertir les Protestants par la force. Deux cent mille personnes, artisans et hommes d'affaires, quittent alors la France.

Tout doit servir au prestige du roi. Le grand Condé et Turenne dirigent les troupes dans les nom-

Le peuple vit dans la misère.

Molière.

breuses guerres entreprises par Louis XIV. Vauban construit des forteresses imprenables. Louvois réorganise l'armée. Colbert fait venir de l'étranger les meilleurs ouvriers pour les faire travailler dans les manufactures* et les constructions navales. Les écrivains Molière, La Fontaine et Racine contribuent à la gloire du roi. Mais les guerres et les dépenses de la cour ruinent le pays et réduisent les pauvres à la famine. Lorsque Louis XIV meurt le 1er septembre 1715 à 8 heures du matin, rares sont ceux qui le pleurent.

**Établissement industriel.*

Lafayette nous voilà !

Au XVIIIème siècle, la France veut développer des colonies en Amérique du nord et aux Indes. Les Nantais achètent des esclaves en Afrique pour les échanger en Amérique contre du coton et du sucre, des comptoirs sont installés en Inde, La Nouvelle-Orléans est fondée sur la rive du Mississippi. Mais l'Angleterre considère ces colonies comme son domaine réservé. La guerre est inévitable. À la bataille de Fontenoy en 1745, lord Hay s'adresse aux soldats français : "*Messieurs les Français, tirez les premiers !*". "*Non, Messieurs, à vous l'honneur*" lui répondent les Français. Entre 1756 et 1763, une guerre de Sept Ans oppose les deux pays.

Lafayette.

L'Angleterre en sort vainqueur : la France doit abandonner le Canada, la Louisiane et l'empire des Indes. La France garde cependant la Guadeloupe et la Martinique, reçoit la Lorraine à la mort du roi Stanislas, achète la Corse aux Génois.

Sous Louis XV et surtout Louis XVI, la France vit plus heureuse. Elle est le pays le plus peuplé d'Europe. L'agriculture se développe, les pauvres sont mieux secourus, les bourgeois des villes s'enrichissent, les nobles s'amusent. Louis XV ne pense qu'à ses favorites, la marquise de Pompadour puis Madame Du Barry. Louis XVI s'occupe de travaux manuels, l'horlogerie et la serrurerie, pendant que sa femme Marie-Antoinette joue les bergères au Trianon mais dépense l'argent sans compter. L'esprit critique se développe : Voltaire ose s'attaquer aux scandales comme l'exécution de Calas injustement accusé d'avoir assassiné son fils. Jean-Jacques Rousseau soutient que les hommes sont égaux entre eux et prépare ainsi les idées révolutionnaires.

Dans cette société qui bouge, l'audace est partout : les corsaires français mènent la vie dure aux bateaux de commerce ennemis et lorsque les Américains se révoltent contre les Anglais, le jeune marquis de Lafayette s'embarque à leur secours. Le 26 avril 1777, il est blessé et devient l'ami de Washington. En 1779, le voici de retour en France pour obtenir des troupes de secours. Il repart l'année suivante et combat jusqu'à la victoire de Yorktown qui fait de lui le héros de l'indépendance des États-Unis.

La prise de la Bastille.

La Révolution

À la veille de la Révolution, l'activité économique est intense. Les villes se sont agrandies et embellies, les ports sont actifs, des routes et des ponts sont construits. Mais la société est toujours organisée de la même façon : les nobles contrôlent toutes les hautes fonctions politiques et militaires, le clergé est dominé par des évêques qui vivent dans le luxe, le Tiers-État représente 95% de la population, il paye l'essentiel des impôts mais il n'a aucun pouvoir. Au sein du Tiers-État, la bourgeoisie d'affaires réclame la liberté du commerce et la fin des privilèges de la noblesse. Les mauvaises récoltes de 1786 mettent le feu au poudre. Le 5 mai 1789, les États généraux sont réunis à Versailles. Le 20 juin, les députés du Tiers-État réunis dans la salle du jeu de Paume prêtent serment de ne pas se séparer avant d'avoir donné une Constitution à la France. Le 14 juillet, le peuple de Paris s'empare de la Bastille, symbole du pouvoir absolu du roi qui peut y faire enfermer qui il veut. Le gouverneur est décapité, sa tête promenée au bout d'une pique. Les prisonniers sont libérés : il n'y en a que 7 !

Dans la nuit du 4 août 1789, les privilèges sont abolis, tous les Français sont égaux en droits. Le 5 octobre, les Parisiennes ne trouvant plus de pain dans les boulangeries, vont en foule à Versailles, entrent dans le palais et obligent le roi à les suivre jusqu'à Paris. En 1790, l'assemblée divise la France en départements; le drapeau bleu, blanc, rouge est adopté. En juin 1791, le roi et sa famille tentent de s'enfuir à l'étranger. Ils sont arrêtés à Varennes et reconduits à Paris. Le 10 août 1792, le palais royal des Tuileries est pris d'assaut au chant de la Marseillaise; le roi est arrêté. Le 20 septembre, la patrie est en danger : l'armée prussienne vient au secours du roi. Sur la hauteur de Valmy dominée par son moulin, les troupes françaises de Kellermann et Dumouriez résistent sous la mitraille. Les Prussiens se retirent. L'armée de la nation a vaincu l'armée des nobles.

L'assassinat de Marat.

Robespierre.

Le roi Louis XVI guillotiné

Au lendemain de Valmy, la Convention proclame la République. Mais le petit peuple parisien, dit des Sans-culottes, veut pousser plus loin la Révolution. Ils veulent l'égalité des richesses et le partage des grands domaines. Leur chef, Marat, est assassiné dans sa baignoire par la jeune Charlotte Corday. La violence se répand. Les biens du clergé ont été confisqués et vendus, les curés doivent prêter serment de fidélité à la nation. Ceux qui refusent sont massacrés. Des députés modérés, qu'on appelle Girondins parce qu'ils viennent de province et veulent limiter le pouvoir de Paris, sont exécutés sur ordre de ceux qu'on appelle les Montagnards car ils siègent en haut de l'assemblée. Du 15 au 19 janvier 1793, le roi est jugé et condamné à mort. Sur l'actuelle place de la Concorde, l'échafaud a été dressé. Trois bourreaux lient les mains du roi. Louis XVI monte les marches raides, dit à la foule : "*Je meurs innocent*", mais un roulement de tambour couvre sa voix. À 10h 20, ce matin du 21 janvier, l'aide bourreau Gros saisit par les cheveux la tête ensanglantée du roi et la montre au peuple.

Les armées révolutionnaires décident de répandre partout les idées de liberté et d'égalité, mais les souverains d'Europe s'unissent. La Convention* ordonne alors la levée en masse contre les ennemis de l'extérieur qui sont vaincus à Fleurus. Un Comité de Salut public, mené par Robespierre, organise la Terreur contre les ennemis de l'intérieur. Des représentants sont envoyés en mission dans les provinces pour exterminer les contre-révolutionnaires. À Nantes, le monstrueux Carrier fait attacher deux par deux tous ceux qu'il croit suspects, et les pousse sur des radeaux qu'il fait couler au milieu de la Loire. En Vendée, les soldats des colonnes infernales brûlent les villages et tuent tous les habitants restés fidèles au roi. À Paris, ceux qui sont trop indulgents, comme Danton, sont à leur tour guillotinés. La Terreur révolutionnaire s'achève le 28 juillet 1794 par l'exécution de Robespierre et d'une centaine de ses amis.

* *Nom donné à l'Assemblée nationale.*

L'empereur Napoléon Ier

Par le coup d'État du 18 Brumaire (9 novembre 1799), Bonaparte met fin par la force au régime républicain du Directoire. Le 2 décembre 1804, le pape Pie VII vient célébrer à Paris le sacre de Napoléon Ier, empereur des Français. Au moment où le pape s'apprête à poser la couronne sur la tête de Napoléon Bonaparte, celui-ci s'en saisit pour se la placer lui-même en signe de pouvoir absolu. La Révolution est bien morte. Le pouvoir de Napoléon est autoritaire, mais il met en place toutes les institutions qui favorisent le commerce et l'industrie : création de la Banque de France, rédaction du Code Civil pour protéger la famille et la propriété, réorganisation de la police, signature d'un Concordat avec l'Église, création des lycées.

Le sacre de Napoléon.

En 1805, Napoléon est au camp de Boulogne avec 70 000 hommes prêts à embarquer pour envahir l'Angleterre. Il apprend que les troupes autrichiennes et russes se rassemblent pour l'attaquer à l'est. Aussitôt, par marches forcées de 50 kms chaque jour, il conduit ses troupes jusqu'en Europe centrale. Il occupe Vienne, capitale de l'empire autrichien, puis il fait halte près du village d'Austerlitz. 90 000 Russes et Autrichiens lui font face. La bataille s'engage au lever du soleil, le 2 décembre 1805, jour anniversaire du sacre. Dans l'après-midi, la victoire de l'empereur est totale. Par la suite, les guerres et les batailles se succèdent, souvent victorieuses mais toujours plus meurtrières, jusqu'à l'invasion de la France en 1814, l'exil à l'île d'Elbe, le retour durant cent jours et la terrible défaite finale à Waterloo, le 18 juin 1815. Napoléon, l'empereur qui a dominé toute l'Europe jusqu'à Moscou, termine ses jours seul dans l'île lointaine de Sainte-Hélène.

La révolution industrielle

Après 23 ans d'exil, le frère de Louis XVI devient roi sous le nom de Louis XVIII. Prudent et libéral, il rétablit en douceur la monarchie. Mais Charles X qui lui succède en 1824 espère revenir à l'ancien Régime. Il pense assurer son prestige en conquérant l'Algérie. Le 25 mai 1830, cent navires de guerre et 350 bateaux de ravitaillement appareillent de Toulon. Alger est prise le 5 juillet. Mais il faut encore plus de quinze ans pour venir à bout de la guérilla algérienne conduite par Abd el-Kader.

Une locomotive à vapeur.

Pendant ce temps, à Paris, Charles X essaie de supprimer la liberté de la presse pour interdire toute critique. Des barricades sont élevées, le peuple aux fenêtres des immeubles jette son mobilier sur la troupe. En trois jours, les Trois Glorieuses des 27, 28 et 29 juillet 1830, le roi est renversé et remplacé par Louis-Philippe dont le pouvoir est limité par une constitution. Ce roi bourgeois a pour ministre Guizot qui ne cesse de répéter : "*Enrichissez-vous!*". Louis-Philippe est à son tour renversé par une révolution en février 1848.

Abd el-Kader se rend.

La seconde République est établie. Elle ne dure que trois ans, jusqu'au coup d'État de Louis-Napoléon Bonaparte, neveu de Napoléon Ier, qui devient empereur sous le nom de Napoléon III. Il va régner vingt ans.

La France est en pleine transformation. L'utilisation de la vapeur change complètement les façons de travailler et de voyager. L'artisanat est remplacé par d'énormes usines où des machines produisent en masse les tissus et les métaux. Les mineurs extraient le charbon nécessaire aux machines et l'on voit au fond des galeries travailler douze heures par jour des enfants qui n'ont pas dix ans. Des lignes de chemin de fer sont construites pour amener dans les grandes villes et les régions minières du nord et de l'est les paysans qui quittent leurs campagnes. De fabuleuses fortunes se bâtissent pendant que les ouvriers vivent misérablement et sont massacrés quand ils se révoltent.

Le Second Empire

Proclamé empereur le 2 décembre 1852, Napoléon III a tous les pouvoirs. La presse est contrôlée, les opposants sont expulsés. Le poète Victor Hugo part en exil à l'île de Jersey d'où il multiplie les critiques contre celui qu'il nomme "*Napoléon le petit*". Mais Napoléon III transforme la France en un pays moderne. Il soutient la formation de sociétés par actions et de banques pour financer des travaux importants : lignes de chemins de fer Paris-Strasbourg, Paris-Lyon-Méditerranée, construction de tunnels et de ports, transformation des villes comme Paris où le baron Haussmann fait percer de larges avenues, organisation d'expositions universelles pour présenter au monde les produits de l'industrie française. Les grands magasins comme le Bon Marché, le BHV, la Samaritaine, attirent une foule d'acheteurs. L'agriculture aussi se transforme grâce aux moissonneuses-batteuses. De nouvelles colonies sont créées, notamment en Nouvelle-Calédonie. Nice choisit d'être française. La France est alors l'un des pays les plus riches du monde. Dans les palais, à l'opéra, dans les théâtres des boulevards, des fêtes somptueuses sont organisées où l'on danse aux musiques d'Offenbach.

Mais l'empereur se laisse entraîner dans une guerre contre l'Allemagne. Le 2 septembre

Les barricades de la Commune.

1870, il est fait prisonnier à Sedan. Le 4, une foule énorme et pacifique envahit les rues de Paris et Gambetta proclame la République. Le 19, l'armée allemande encercle Paris. Gambetta quitte la ville en ballon pour organiser la résistance. Les Parisiens affamés en sont réduits à manger les animaux du zoo et les rats des égoûts. Le 2 janvier 1871, Thiers signe l'armistice : la France cède à l'Allemagne l'Alsace et la Lorraine.

Mais le peuple de Paris refuse cette capitulation et s'organise en Commune. Le drapeau rouge des ouvriers flotte sur Notre-Dame. Thiers réunit à Versailles une armée de 130 000 hommes et donne l'assaut contre Paris le 21 mai. En une semaine, 500 barricades sont emportées, 20 000 personnes sont fusillées. La première grande révolution ouvrière est écrasée dans le sang.

La Belle époque

La France est divisée entre ceux qui veulent le retour à la royauté et ceux qui luttent pour installer définitivement la république. En 1875, le mot de "*République*" est adopté officiellement, mais à une seule voix de majorité. La démocratie reste fragile : en 1889, le populaire général Boulanger, surnommé "*général Revanche*" car il veut récupérer l'Alsace et la Lorraine, est poussé par ses amis à prendre le pouvoir. Le 27 janvier, une manifestation est organisée. Au dernier moment, Boulanger refuse de marcher sur l'Élysée. Sur le point d'être arrêté, il s'enfuit en Belgique et se suicide.

Une série de scandales contribue encore à ébranler la République : le gendre du président de la république Jules Grévy vend des légions d'honneur pour 25 000 francs, des parlementaires touchent de l'argent de la compagnie chargée de creuser le canal de Panama. En décembre 1894, le capitaine Dreyfus, parce qu'il est juif, est accusé à tort d'espionnage au profit de l'Allemagne. Il est déporté au redoutable bagne de l'île du

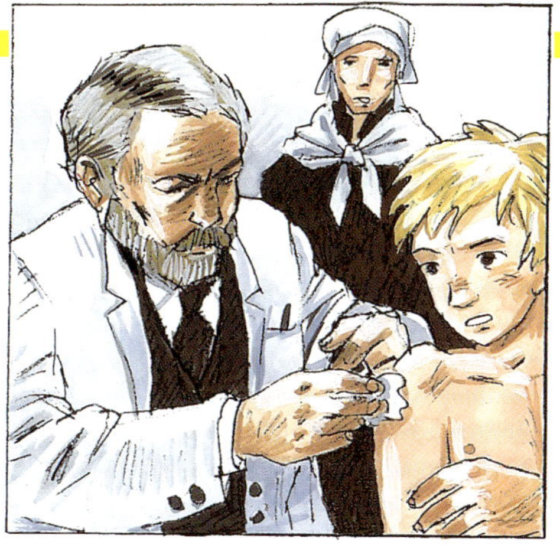

Louis Pasteur.

La construction de la Tour Eiffel.

Diable en Guyane. Mais ses partisans, les Dreyfusards conduits par l'écrivain Émile Zola, exigent le retour à la justice. Ils créent la Ligue des droits de l'homme et finissent par obtenir que l'innocence de Dreyfus soit reconnue.

Influencés par les idées de Marx, les ouvriers font grève pour demander plus de justice sociale. Ils finissent par obtenir l'autorisation de créer des syndicats et la limitation de la durée du travail. Mais les anarchistes veulent plus encore et font sauter des bombes un peu partout par haine de la société bourgeoise. De son côté, la droite religieuse s'oppose par la force à la loi de 1905 qui récupère les biens de l'Église au profit de l'État.

Malgré toute cette agitation, les années 1900 sont aussi la Belle Époque. L'électricité permet l'éclairage des villes. Les automobiles roulent, des avions s'envolent. Les chemins de fer desservent tout le pays. La pile électrique de Leclanché équipe les premiers téléphones. En 1894, Louis Lumière présente à Paris son cinématographe. La médecine évolue et Pasteur découvre un vaccin contre la rage. En rendant l'école primaire obligatoire et gratuite pour tous, Jules Ferry fait de la France l'un des pays les plus alphabétisés du monde. Dominée par la tour de 300 mètres construite par Gustave Eiffel, l'exposition universelle de 1889 affirme la puissance de la France qui a établi ses colonies partout en Afrique et en Indochine.

Le capitaine Dreyfus.

Un taxi de la Marne.

La grande tuerie

Le 28 juin 1914, l'archiduc François-Ferdinand, héritier de l'empire d'Autriche, est assassiné à Sarajevo. C'est le prétexte attendu pour déclencher la guerre. D'un côté, l'empire d'Autriche-Hongrie qui aurait besoin d'une guerre pour maintenir son unité intérieure, et l'Allemagne qui veut développer des colonies aux dépens de la France. De l'autre, la France qui rêve de récupérer l'Alsace et la Lorraine, l'Angleterre, puissance maritime, qui s'inquiète de la flotte de guerre allemande, et la Russie qui ne veut pas laisser l'Autriche et son alliée la Turquie contrôler son seul débouché maritime sur la Méditerranée. Le 31 juillet, à 21 heures, à la Brasserie Le Croissant, le socialiste Jean Jaurès dîne avec des amis. Il veut organiser une grève des ouvriers d'Europe pour la paix. Un homme s'avance sur le trottoir. Il tire une balle de pistolet dans le dos de Jaurès. Partout, c'est un cri : "*Ils ont tué Jaurès, c'est la guerre!*". La première guerre mondiale est déclarée le 3 août 1914.

Les Allemands engagent la bataille et arrivent presque aux portes de Paris. Le général Joffre réquisitionne alors mille taxis qui transportent sur le front deux régiments en une nuit. En septembre 1914, la bataille de la Marne est gagnée. Les troupes s'enterrent ensuite dans des lignes de tranchées qui courent jusqu'à la mer. Dans la boue et le froid, sous les tirs et les bombes, enfumés par des gaz mortels, déchirés par les barbelés, les soldats se tuent pour quelques centaines de mètres. À Verdun, en 1916, un million d'hommes meurent. Les soldats qui se mutinent sont exécutés. En 1917, les Anglais utilisent les premiers chars et les Américains entrent dans la guerre. En juillet 1918, Foch, commandant les armées alliées, remporte la deuxième victoire de la Marne.

Le 11 novembre 1918, l'Allemagne capitule. La paix est signée à Versailles le 28 juin 1919. Sur les champs de bataille, neuf millions d'hommes sont morts. Ruinée, dévastée, divisée, l'Europe naguère toute-puissante s'efface devant de nouvelles nations, les États-Unis et le Japon, qui en profitent pour s'imposer.

Années folles et Front populaire

Pour reconstruire les régions et les villes dévastées, on compte sur les indemnités de guerre : "*L'Allemagne paiera*". Mais l'Allemagne ruinée ne paie pas et l'État doit emprunter aux Français. L'activité économique reprend pourtant. On voit circuler de plus en plus de voitures, la radio entre dans les maisons, les premiers réfrigérateurs font leur apparition, on danse au rythme du jazz venu des États-Unis. Ce sont les années folles. Mais la crise économique qui éclate à New-York en 1929 frappe la France. Des usines ferment, le chômage se développe, d'autant plus scandaleux que certains en profitent pour faire fortune. Alexandre Stavisky par exemple est un escroc soutenu par de hautes personnalités. Malgré ses protections, il va être arrêté quand il se suicide, à moins qu'on ne l'ait suicidé pour l'empêcher de parler... Les affrontements se déchaînent entre les démocrates et ceux qui veulent un autre régime politique. À l'extrême gauche,

Les ouvriers en grève occupent les usines.

le parti communiste souhaite une révolution ouvrière sur le modèle de la révolution russe de Lénine. À l'extrême droite, les ligues s'inspirent du mouvement fasciste italien de Mussolini et des idées du parti nazi d'Adolf Hitler en Allemagne. Le 6 février 1934, les groupes antiparlementaires comme l'Action française et les Croix de Feu, organisent une manifestation qui marche sur la Chambre des députés. La police tire, il y a 17 morts et 2 000 blessés.

Aux élections de mai 1936, les socialistes et les communistes, réunis en un Front populaire, remportent les élections.

Le socialiste Léon Blum est nommé président du conseil. Soutenu par les ouvriers en grève qui occupent leurs usines, Léon Blum obtient la signature des accords Matignon entre les syndicats et les patrons pour augmenter les salaires. Des lois sont votées qui limitent la durée du travail à 40 heures par semaine et accordent aux salariés quinze jours de congés payés par an. L'été suivant, des milliers de travailleurs partent en train ou à vélo pour découvrir la mer. Mais les financiers transfèrent leurs capitaux à l'étranger et le chômage continue. Blum démissionne en juin 1937. L'inquiétude vient alors des frontières : l'Allemagne de Hitler annexe l'Autriche puis la Tchécoslovaquie. Il faut réarmer. Le 1er septembre 1939, la Pologne est envahie par les nazis. La guerre est déclarée.

La Deuxième guerre mondiale

Le général de Gaulle.

Le second conflit mondial oppose d'un côté les pays à régime dictatorial comme l'Allemagne nazie et l'Italie fasciste, de l'autre les démocraties comme la France et l'Angleterre. Dans un premier temps, l'URSS de Staline s'entend avec Hitler, et les États-Unis se tiennent à l'écart du conflit jusqu'à l'attaque de Pearl Harbour par le Japon en décembre 1941. Après plusieurs mois d'une drôle de guerre, les Allemands lancent l'offensive à l'aube du vendredi 10 mai 1940 sur les Pays-Bas et la Belgique. 3 600 avions détruisent les sites stratégiques, des milliers de chars franchissent la forêt des Ardennes. La surprise est totale. 300 000 soldats anglais et français bloqués à Dunkerque réussissent tout juste à passer en Angleterre. Dix millions de Français errent sur les routes de l'exode. Le 14 juin, les troupes allemandes défilent sur les Champs-Élysées. Le 22 juin, l'armistice est signé : l'Allemagne occupe les 3/4 du territoire. Le 10 juillet, le maréchal Pétain, héros de Verdun, reçoit les pleins pouvoirs du parlement réuni à Vichy. Il crée l'État français qui supprime les libertés, offre de collaborer avec Hitler et fait arrêter les Juifs.

Le débarquement en Normandie.

Mais le 18 juin 1940 en fin d'après-midi, à la radio de Londres, le général de Gaulle a appelé les Français à la résistance.

En 1942, le général de Gaulle envoie Jean Moulin en France pour unifier les divers mouvements de résistance. Moulin est arrêté près de Lyon le 21 juin 1943 et torturé, mais il ne parle pas et préfère se suicider.

Des Français libres combattent sur tous les fronts aux côtés des alliés, notamment à El-Alamein en Afrique du Nord. En 1943, de Gaulle installe un gouvernement provisoire à Alger. Lorsque les alliés débarquent en Normandie le 6 juin 1944, puis en Provence le 15 août, les maquis harcèlent l'ennemi, les résistants font sauter les trains qui transportent les troupes allemandes. En révolte contre les Allemands depuis le 19 août, Paris est libéré par le général Leclerc le 25. La capitulation allemande est signée à Reims le 7 mai 1945. Le général français de Lattre y assiste car la France est dans le camp des vainqueurs.

La France reconstruite

Pour reconstruire la France, le gouvernement provisoire présidé par le général de Gaulle, nationalise les banques et de grandes entreprises, crée la Sécurité sociale, accorde le droit de vote aux femmes. Mais de Gaulle démissionne dès janvier 1946 car il n'est pas d'accord avec la nouvelle constitution de la IVème République qui donne l'essentiel du pouvoir à l'Assemblée nationale. Très vite en effet, les ministères se succèdent. La France pourtant se relève.

Reste le problème des colonies. Les troupes françaises d'Indochine sont écrasées à Diên-Biên-Phû en 1954. Pierre Mendès France signe les accords de Genève qui mettent fin à la guerre.

Mai 1968.

Le 1er novembre, le FLN algérien se révolte à son tour. Les massacres se multiplient. En mai 1958, le gouvernement tombe. Le général de Gaulle devient président du Conseil. Le 28 septembre, il fait voter par référendum* une nouvelle constitution qui marque le début de la Ve République. Le 21 décembre, il est élu président de la République. Quatre ans plus tard, par les accords d'Évian, il met fin à la guerre en Algérie. Un million de colons, qu'on appelle Pieds noirs, sont rapatriés en France. En 1965, de Gaulle se fait réélire, mais au suffrage universel pour mieux affirmer l'impor-

tance du président de la République.

Grandeur et indépendance de la France sont les maîtres mots de de Gaulle. Il dote l'armée de la bombe atomique. L'industrie et l'agriculture se modernisent, la société change. Mais le 11 mai 1968 dans la nuit, trente barricades ferment les rues du quartier latin à Paris. Le 13 mai, les ouvriers rejoignent les étudiants. Contre ce mouvement de révolte, un million de personnes défilent sur les Champs-Élysées le 30 mai. Le calme revient rapidement, mais de Gaulle a perdu la confiance des milieux d'affaires. Il se retire le 27 avril 1969. Georges Pompidou lui succède à la présidence de la république.

* *Consultation des citoyens au suffrage universel sur un sujet précis.*

France, an 2000

L'Union Européenne.

L'aube de l'an 2000 est marquée par d'incroyables mutations. Élu président de la république en 1974, Valéry Giscard d'Estaing doit faire face à une crise économique mondiale. Il réalise pourtant des réformes de société, comme la légalisation de l'avortement et de la contraception. En mai 1981, la droite perd les élections au profit des socialistes. C'est l'alternance. Le président François Mitterrand fait abolir la peine de mort, réduire le temps de travail, accélérer la